Sternstunden

Georg Haddenbach

Steinbock

22. Dezember bis 20. Januar

Inhalt

Standfestigkeit durch den Planeten Saturn 8
Vom Ziegenfisch zum Steinbock 10
Die Steinbock-Frau 13
Auf wen sie steht 17
Der Steinbock-Mann 19
Keine Zeit für Seitensprünge 22
Ehrgeizig im Berufsleben 26
Das Geld ist ihre Welt 29
Schwachstellen in der Gesundheit 31
Sie greifen auch zum Talisman 32
Empfindlich wie die Mimosen 33
Ziege und Esel gehören dazu 35
Die Aszendenten des Steinbocks 36
Ausgerechnet: der Aszendent 39

Standfestigkeit durch den Planeten Saturn

Das zehnte Zeichen des Tierkreises entspricht dem ersten Wintermonat im Jahr. Die Sonne erreicht am 22. Dezember ihren südlichsten Stand. Graue Wolken ziehen übers Land, das oft der Schnee wie ein Leichentuch bedeckt. Trotz dieser tristen Stimmung keimt Hoffnung auf. Wenn die Sonne vom 22. Dezember bis 20. Januar das Steinbock-Zeichen durchläuft, steigt sie höher und höher am Firmament und kündet schon von ihrer stärkenden Kraft. Die Menschen, die in diesem Tierkreiszeichen geboren werden, spiegeln in ihrem Charakter diesen Aufwärtstrend wider.

Astrologisch gesehen, hat im Steinbock Saturn sein Haus. Außerdem sind dem Steinbock-Zeichen Jupiter und Sonne zugeordnet. Er ist der nach Jupiter zweitgrößte Planet unseres Sonnensystems, der die Sonne einmal in 29 ½ Jahren umkreist. Astrologen sehen in ihm »das große Unglück«, das Trennungen und Hemmungen ebenso umschreibt wie Verzögerungen und Verluste. Das Widerborstige unterm Saturn ist nicht immer symptomatisch. Es lässt auch in mannigfachen Bewährungsproben den Menschen reifen, sodass er das Leben mit reichem Erfahrungsschatz angehen kann.

Sein Patenkind, der Steinbock-Mensch, profitiert von den guten Saturnaspekten. Vor den schlechten Eigenschaften gewarnt, handelt er stets mit größter Vorsicht, aber mit einer Ausdauer, die mögliche Erfolge in jeder Weise absichert. Selbst-

Der düstere, von Ringen umgebene Saturn ist ein strenger Herrscher über die Steinbock-Geborenen.

Standfestigkeit durch den Planeten Saturn

beherrschung ist oberstes Gebot. Man arbeitet unterm Saturn sehr viel, kommt nur langsam, aber stetig voran.

Steinbock-Menschen sind die einsamen Wanderer zwischen zwei Welten, die aus der Dunkelheit ans Licht streben. Sie lassen sich von den Realitäten des Lebens in die Pflicht nehmen und versuchen, durch Beharrlichkeit und Fleiß die Konkurrenz zu überflügeln. Das lässt sie für manchen Zeitgenossen allzu ehrgeizig und kalt erscheinen, was sie aber im Grunde ihres Herzens nicht sind.

Wer diese so geradlinigen Menschen genauer kennen lernen möchte, sollte dieses Buch lesen, das zugleich alle unter dem Zeichen des Steinbocks Geborenen zur Selbsterkenntnis anregen möchte. Alle Bilder haben Beziehung zu dem Typ, den wir im Text beschreiben. Viele Blumen, Nutz- und Heilpflanzen und auch zahlreiche Tiere und edle Steine, die ihnen Glück bringen sollen, sind von altersher dem Steinbock-Zeichen zugeordnet. Maronenbraun ist die Farbe dieses Erdzeichens.

Vom Ziegenfisch zum Steinbock

Auf Grenzsteinen, die bei Ausgrabungen gefunden wurden, kann man noch heute Darstellungen babylonischer Sternbilder bewundern, die freilich nicht immer denen gleichen, die wir aus dem Mittelalter kennen. So stellten zum Beispiel die Babylonier das zehnte Zeichen im Tierkreis nicht als Steinbock, sondern als Legenden umwobenen Ziegenfisch dar.

Nach der griechischen Mythologie hat Zeus den bocksfüßigen Pan als Sternbild an den Himmel gesetzt.

Vom Ziegenfisch zum Steinbock

Vom Ziegenfisch zum Steinbock

Dieses Lebewesen – halb Fisch, halb Ziege – tummelte sich, wie sternenkundige Chaldäer behaupteten, in den Gewässern rund um Kleinasien. Das schon zu Zeiten der Babylonier ausgestorbene, seltsame Tier mit dem Oberkörper eines Ziegenbocks und dem Leib eines Fisches soll zur Erinnerung an seine Existenz als Sternbild verehrt worden sein.

Die griechische Mythologie dagegen erzählt eine andere Geschichte über die Entstehung des zehnten Zeichens. Danach soll Pan, halb Mensch, halb Bock, Milchbruder des Zeus und Gott der Hirten und Weiden, für den Namen des Sternbilds mitverantwortlich sein. Er wurde nämlich wie der spätere Göttervater Zeus, als Kind von der Milchziege Amaltheia gesäugt, weshalb der Oberste der olympischen Götter sie aus Dankbarkeit als Sternbild Steinbock an den Himmel versetzte.

Ob himmlische Ziege oder göttlicher Steinbock – von beiden blieb bei den Menschen des Steinbock-Zeichens etwas hängen. Die Kletterkünste des Steinbocks zum Beispiel versinnbildlichen das ständige Streben dieser Leute nach oben. Wie ihr Wappentier taktieren sie vorsichtig, achten auf Geröll und Klippen und gehen bedächtig Umwege, wenn es gilt Gefahren auszuweichen. Sie haben das kritische Auge der mütterlichen Ziege, deren Sprache nur von uns Menschen als Meckerei gedeutet wird.

Die Steinbock-Frau

 Die Frau, die im Zeichen des Steinbocks geboren wurde, gehört zu den anschmiegsamen Geschöpfen unter der Sonne. Sie scheint verletzlich wie ein Schmetterlingsflügel und so rührend hilflos wie ein Rotkehlchen im Hühnerhof.

Der Anschein trügt! Wenn die Steinbock-Frau etwas erreichen will, kann sie ganz schön die Unschuldige spielen. Sie wird sich in Schale werfen und kaum den Eindruck erwecken, dass hinter dieser verletzlichen und hilflosen Fassade ein sehr harter Kern steckt.

Von ihrem Liebsten lässt sie sich vielleicht verhätscheln. Und wenn er die scheinbar Verschüchterte wieder einmal tröstend in seinen Arm nehmen will, stellt er irritiert fest, dass sie nur Tränen lacht – über ihn! Sie hat männliche Unterstützung im Lebenskampf wahrhaftig nicht nötig. Sie ist sehr selbstbewusst und sicherlich emanzipierter als mancher annimmt, dem sie das nette, kleine Mädchen vorspielt, das für verliebte Tändeleien gern zu haben ist.

Jede Steinbock-Frau, die etwas auf sich hält, verliebt sich eigentlich erst auf den zweiten Blick. Wenn sie einen Mann kennen lernt, der ihr gefällt, wird sie vielleicht schon nach dem ersten Treffen nachts von ihm träumen, aber beim zweiten schaut sie sich ihn doch erst einmal genauer an.

In ersten zärtlichen Unterhaltungen beweist sie schon ihr diplomatisches Geschick. Möglicherweise erzählt sie dem Auserkorenen gleich von dem Rüpel, bei dem sie vor ein paar Wochen ausgezogen ist, damit der »Neue« gleich erfährt, mit wem er es zu tun hat.

Nach außen hin spielt die Steinbock-Frau oft die Kühle, die ihre Gefühle beherrscht. Wenn sie sich aber einmal entschlossen hat, mit dem Mann ihrer Wahl ein Verhältnis anzufangen, kennt sie kein langes Fackeln.

Wem die Steinbock-Frau erlaubt, sie zu streicheln, der bekommt von ihr auch die Chance zu mehr. Freilich hat er dann meistens schon die Prüfung über den zweiten Blick hinaus bestanden. Wenn sie sich für die traute Stunde zu zweit erst mal schön gemacht hat, was bei ihrer Gründlichkeit und Reinlichkeit eine Weile dauern kann, ist sie bereit zum Bettgeflüster im Dämmerschein.

Ein langes Vorspiel braucht sie nicht. Ein kleiner Drink zum Hors d'Oeuvre genügt ihr zur Einstimmung. In ihrer schwachen Stunde liebt sie gedämpftes Licht – Kerzenschimmer etwa, der ihren Sinn fürs Reale ins Romantische abdriften lässt.

Und wer ihre erogenen Zonen kennt, hat schon fast gewonnen. Ihr Rücken ist genauso empfänglich für Zärtlichkeiten wie die Vorderseite. Zartes Streicheln den Rücken hinunter, sanftes Stimulieren der Brüste oder der Schenkel bis hinunter zu den Kniekehlen versetzt sie in Erregung. Da ist nichts mehr von ihrer sonstigen Kälte zu spüren. Sie gibt sich ganz ihrer Lust und dem Wunsch nach Befriedigung hin.

Die sonst so nüchtern denkende Frau braucht nach einem harten Arbeitstag viel Zärtlichkeit und ist bereit zu restloser Hingabe. Das einzige, was dem entgegensteht, liegt in ihrer eigenen Natur begründet; denn sie kann so schlecht abschalten, wenn sie Probleme beschäftigen. Hier bedarf es eines Partners, der ihr fürsorglich und uneigennützig hilft.

Die Steinbock-Frau übernimmt in der Ehe gern das Steuer – nach dem Motto: Frauen fahren besser.

Die Steinbock-Frau 15

Die Steinbock-Frau

Auf wen sie steht

Wer passt nun wirklich zu dieser eigenwilligen Dame aus dem Steinbock-Zeichen? Für sie spricht, dass sie sich selbst in einer »unmöglichen« Verbindung zurechtfinden wird, weil ihr Wille Berge versetzen kann. Sie möchte zwar in einer Ehe oder einem eheähnlichen Verhältnis den Ton angeben, spielt aber gern auch mal die zweite Geige. Ideal wäre für sie ein *Stier*-Geborener. Er wird sich als idealer Ehemann erweisen. Bei ihm kann sie ihren Beruf weiter ausüben, weil er den Zugewinn eines zweiten Gehaltes zu schätzen weiß. Ganz privat ist er der ideale Beifahrer, wenn sie bei gemeinsamen amourösen Touren am Steuer sitzt.
Mit dem oft lange zögernden *Jungfrau*-Mann wird sie gern auf Probe zusammenleben, bis sie feststellt, dass sie mit diesem Mann hundertprozentig übereinstimmen kann. Er wie sie häufeln gern das Geld in großen Scheinen.
Mit dem Artgenossen aus dem *Steinbock*-Zeichen zieht vielleicht ein bisschen Langeweile in ihr Heim ein. Sie wird aber mit diesem doch so tüchtigen Mann auskommen, wenn das Einkommen stimmt. Leider herrscht des öfteren wohl Alltagsroutine im Liebesleben.
Im erotischen Duo mit dem *Krebs*-Mann übernimmt sie meistens die Oberstimme und wird grantig, wenn er aus dem Takt kommt. Bei ihr herrschen Zucht und Ordnung, die sie gern auch auf ihren Krebs-Mann übertragen möchte, der im Grunde immer ein großes Kind bleibt.

Eine Steinbock-Geborene hat den Hang zu Höherem, deshalb strebt sie stets nach oben.

Auf wen sie steht

Der *Fische*-Mann lernt an der Seite der Steinbock-Frau Plan und Plansoll kennen. Sie lehrt ihn beizeiten, dass Sparen ein erstrebenswertes Ideal ist. Er aber möchte lieber das Geld mit ihr verjubeln.

Zu weit geht ihr oft der *Skorpion*-Mann, der sexuelle Umwege mit ihr testen möchte. Erst mit der Zeit gewöhnt sie sich daran, weil er wie ein Profi ihre kühlen Gefühle aufheizen kann. Im Endeffekt wird er stets tun, was sie will.

Mit dem *Wassermann* findet sie viel gemeinsamen Gesprächsstoff. Er ist ein guter Kamerad und lässt gern mit sich reden, wenn es ums Geld geht. Und er wird dafür sorgen, dass in den intimen Stunden alles stimmt.

Tritt sie gemeinsam mit dem *Löwen* auf, verblüfft sie die Zuschauer durch Wunder der Dompteurkunst. Sie zähmt ihn, indem sie ihn wild macht auf zärtliche Stunden mit ihr. Übrigens ist die Löwe-Steinbock-Verbindung sehr haltbar.

Stark gefährdet erscheint eine Ehe der Steinbock-Frau mit dem so herrischen *Widder*-Mann, weil hier zwei ungleiche Charaktere aufeinander treffen. Der Widder will mit dem Kopf durch die Wand. Wenn sie ein Polster fände, damit er sich nicht den Schädel einrennt, wäre die Verbindung zu retten.

Der *Schütze*-Mann strebt gern nach außen. Da die Steinbock-Frau im Allgemeinen keine Zeit hat, ihn auf seinen verschlungenen Pfaden zu begleiten, sucht er sich manchmal andere Weggefährtinnen. Dann kracht's in dem Verhältnis. Der Schütze allein kann beweisen, ob die Verbindung das verflixte siebente Jahr überstehen wird.

Einen *Zwillinge*-Mann hält sie zwar im Bett, außerhalb jedoch weniger. Horizontale Übereinstimmung ist ja nicht das einzige, das eine Beziehung aufrecht erhält. Da müssten sie und er schon ein Schutzbündnis schließen, um zu bestehen.

Das gleiche ist in einer Verbindung der Steinbock-Frau mit einem *Waage*-Mann der Fall. Mit etwas mehr Rücksichtnahme auf den Partner müsste es aber gelingen, diese ungleichen Charaktere zum Umdenken zu bringen.

Der Steinbock-Mann

Beim Steinbock-Mann ist es wie mit einem guten Wein: Je älter er wird, desto besser wird er. In der Jugend quillt die Lebensfreude nur zeitweise über, weil dem echten Steinbock-Typ kaum Zeit für private Gefühle bleibt. Wie das alpine Klettertier bemüht er sich um den Aufstieg. Aber es dauert eben eine ganze Weile, bis er oben angelangt ist. Der schnellste ist dieser Mann nicht. Ist es da nicht verständlich, wenn wegen der mühseligen Klettertour die Liebe zunächst mehr oder weniger zu kurz kommt?

Ob jung oder alt – der Steinbock-Mann schreitet ernst und in sich gekehrt durchs Leben. Wenn er etwas auf sich hält (und welcher männliche Steinbock tut das nicht?), ist er nach dem letzten Schick gekleidet und auf Würde bedacht. Er kann mit weisen Sprüchen Eindruck schinden und wird seinen Weg machen, weil er einfach ein netter Mensch ist, den man gern fördert. Das ist jedenfalls der typische Steinbock.

Aber da gibt es auch noch den anderen mit einer gehörigen Portion Skrupellosigkeit und Durchsetzungsvermögen. Was immer diesen Herrn an seinem unaufhaltsamen Aufstieg hindert, wird aus dem Wege geräumt. Er spielt als Bruder Luftikus den Hans Dampf in allen Gassen, hat für jeden, der ihm nützen kann, ein nettes Wort und ist so beliebt, dass er sich mehr erlauben kann als jeder andere. So geht seine Rechnung auf.

Zeit hat keiner dieser beiden Typen. Die Arbeit hält sie ständig auf Trab. Da hat Liebe wegen des Zeitaufwandes kaum viel Raum. Und deshalb greift der Steinbock-Mann gerne zur nächstbesten Frau, die ja nicht die schlechteste sein muss.
Geizig ist dieser Mann nicht, nur sparsam. Übrigens auch mit Komplimenten. Für ein Zuviel an schönen Worten hat er genauso wenig übrig wie für zuviel an Rouge, Parfum oder Klunkerchen. Er hasst es, erst den Putz abspachteln zu müssen, um das wahre Gesicht einer Freundin zu erkennen. Außerdem erweist es sich bei ihm sowieso als unnötig, Runzeln zu kitten, weil er an der Fassade weniger interessiert ist als an dem, was dahinter steckt. Der Steinbock bevorzugt unkomplizierte Frauen, die nicht mit Stöckelschuhen zum Waldspaziergang antreten.
Wie seine Sternenschwester ist auch der Steinbock-Mann wahrhaftig nicht prüde. Für ihn ist Sex die selbstverständlichste Sache der Welt, wenn die Partnerin mitzieht. Er ist kein leidenschaftlicher Liebhaber, für ihn will gut Ding Weile haben.
Wenn er die schönste Nebensache der Welt noch nicht so recht kennen gelernt hat, ist er nicht sehr erfinderisch in den Sexpraktiken, die erfahrenere Typen anwenden. Und obwohl mancher Steinbock-Mann am liebsten eine jüngere Frau heiratet, tendiert er in Sachen Sex mehr zu der erfahrenen Frau, die ihm in den intimen Dingen auf die Sprünge helfen kann.
Ein guter Wein zum Abendessen stimmt ihn ein. Bei manchen aus dem Saturn-Zeichen tut's auch ein Bier oder ein Korn. Alkohol löst seine Zunge und nimmt ihm wohl auch einiges von seiner sonst geübten Zurückhaltung. Erotische Spielereien danach sind für ihn selbstverständlich.

Gerne suchen sich Steinbock-Geborene ihre Flirts in Bibliotheken. Und nicht selten wird was Ernstes daraus.

Der Steinbock-Mann 21

Im Bett vergisst er seine sonstigen Vorbehalte und sich selbst. Er kann sehr zärtlich sein und ist selten ein Berserker, der mit ungeschickter Gewalt sein Ziel erreichen will. Hat er sich einmal ins lustvolle Vergnügen gestürzt, hält ihn nichts mehr davon ab, mit der Partnerin den siebten Himmel zu erreichen. Sein männliches Selbstbewusstsein leidet nicht, wenn die Frau seines Herzens den Ton angibt.

Der Steinbock-Mann will zwar auch beim Sex letztlich dominieren, jedoch sollte ihm die Frau unmerklich auf die Sprünge helfen. Um zum Ziele zu gelangen, braucht er die rechte äußere Einstimmung, aber keinen grellen Scheinwerfer, der die Szene bühnenreif beleuchtet. Wenn's zur Sache geht, ist romantische Musik gefragt.

Richtig angeheizt ist er ein Liebhaber, der die Nacht zum Tage macht. Er schätzt es besonders, wenn ihm die Gespielin hautnah auf den Pelz rückt, seinen Rücken streichelt und sich mit den Fingern sanft an den Wirbeln hinuntertastet. Solch sanftes sinnliches Einstimmen erhöht seine Ausdauer, die jeder Frau den Höhepunkt garantiert. Genussreiche Lustspiele bewirken bei ihm ebenfalls, dass er anderntags mit noch größerem Arbeitseifer als sonst zu Werke geht.

Keine Zeit für Seitensprünge

Der Steinbock-Mann ist sicher – und sei es nur aus Mangel an Gelegenheit – einer der Treuesten im ganzen Tierkreis. Für Seitensprünge fehlt ihm die Zeit. Gefährlich wird es erst, wenn er nicht weiter aufsteigt in seinem Job; dann kann es sein, dass er auch mal in ein anderes Bett umsteigt.

Keine Zeit für Seitensprünge

Die ideale Frau könnte für ihn die *Stier*-Geborene sein. Sie baut ihm das gemütliche Heim, in dem er sich von seinen beruflichen Strapazen ausruhen kann. Das Privatleben kommt trotzdem oft zu kurz. Doch werden sich Steinbock und Stier-Frau bei gemeinsamen Pflichtübungen darüber hinwegtrösten.

Die *Jungfrau*-Geborene sammelt wie der Steinbock liebend gern Aktien und festverzinsliche Papiere. Selbst in den intimen Angelegenheiten sind die beiden sich einig. Vernunft ist das Zauberwort, das sie zeitweilige Einthaltsamkeit ertragen lässt. Sie wissen, dass man mit Liebe allein kaum ein Leben in Wohlstand aufbauen kann.

Etwas kühler noch ist das Verhältnis unter den Sternengeschwistern aus dem *Steinbock*. Da wird ein Leben lang geschuftet, um nicht nur die Altersversorgung sicherzustellen. Leider kommt im Lebenskampf der beiden sonst so gleichgelagerten Typen das Gefühl oft zu kurz.

An lebenslange materielle Sicherheit denkt wohl auch die *Krebs*-Frau, wenn sie einen Steinbock-Mann erobert. Aber was nützen Hausbesitz und finanzieller Wohlstand, wenn darunter die tiefen Gefühle der Krebs-Frau leiden? Das kann auch schon mal zu einer Trennung führen.

Mit viel Gefühl versucht ebenso die *Fische*-Frau den Steinbock zu angeln und merkt dabei gar nicht, dass seine Angelrute zugkräftiger ist. Sie versteht, dass er im Arbeitskampf seine letzten Kräfte mobilisiert und abends nicht allzu viel Lust aufs körperliche Vergnügen hat.

Mit viel Feuer heizt die *Skorpion*-Frau einen Steinbock an und hilft ihm sogar beim Klettern in höhere Etagen. Leider möchte sie den Steinbock beherrschen, was dieser gar nicht mag. So kann ein ehelicher Kleinkrieg beginnen, in dem mal der eine und dann wieder der andere siegt.

Viel Bewunderung schenkt der Steinbock-Mann seiner *Löwe*-Frau, die weiß, wie sie sein sauer verdientes Geld marktgerecht anlegen kann. Auf jeden Fall ist sie stets zu tätiger Mithilfe bereit, wenn er ihre Wünsche auch in den ganz intimen Dingen erfüllt.

Bei der *Widder*-Frau muss er mit seinen Klamotten die patriarchalischen Allüren ablegen, wenn sie ihn im Adamskostüm anziehend finden soll. Mit ihr kommt Leben in seine Junggesellenbude. Jegliche Versuche, die Widder-Frau umzuerziehen, kann er sich sparen. Das hat noch niemand bei der Widderin geschafft.

Bei der *Wassermann*-Frau gibt es Schwierigkeiten, weil sie ihre Uhr nicht auf ihn einstellt, sondern ihre Freizeit so gestaltet, wie es in ihren Zeitplan passt. Zu ungleich scheinen beider Charakter-Eigenschaften zu sein. Und dann führen sie möglicherweise doch eine recht glückliche Ehe.

Mit der *Schütze*-Frau kann der Steinbock seinen Kummer haben. Sie hält nicht viel von Hausarbeit, möchte lieber Abend für Abend ausgeführt werden. Das passt ihm nicht. Und nur deshalb beginnt er mit der Umerziehung dieser so fröhlichen Frau und erlaubt ihr sogar mal die berühmten Ferien vom Ich.

Genau so freizügig wie mit ihren Reizen ist die *Waage*-Frau mit den finanziellen Mitteln ihres Steinbock-Mannes. Er findet sie möglicherweise wegen ständiger Arbeitsüberlastung über ein Eheanbahnungsinstitut. Und dann klappte es sogar …

Zu verschieden sind eigentlich die Ansichten des Steinbocks und einer *Zwillinge*-Frau. Wenn sich die beiden aber vor der Ehe die Hörner abgestoßen haben, kann's gutgehen.

Wie der Alpen-Steinbock finden sich die Steinbock-Menschen in unwirtlicher Umgebung gut zurecht: Sie sind zäh und genügsam.

Keine Zeit für Seitensprünge 25

Ehrgeizig im Berufsleben

Der Steinbock-Mensch ist zweifellos ehrgeiziger als alle die anderen im Tierkreis. Er arbeitet mehr und härter, tut sich darum aber des öfteren schwerer. Wenn er sich eine Ruhepause gönnen könnte oder sollte, beginnt er statt dessen gleich etwas Neues. Er muss immer etwas zu tun haben, aber tut's im Allgemeinen sehr bedächtig. Mit viel Umsicht gehen die Frauen und Männer aus dem Saturn-Zeichen an ihre Aufgaben heran und lösen sie in den meisten Fällen mit Bravour. Wenn sie ein Ziel vor Augen haben, kann ihr Wille Berge versetzen.

Nur wer von ihnen irgendeinen verkorksten Planeten oder einen schlechten Aszendenten im Horoskop stehen hat, lässt sich gehen, pfeift auf den Aufstieg und bleibt dann logischerweise in irgendeiner unteren Etage der beruflichen Laufbahn hängen.

Steinbock-Menschen sind oft rechte Einzelgänger, die selbst in einer größeren Crew ihr eigenes Süppchen kochen und sich nicht darum scheren, was die anderen tun und lassen. Das klingt sehr nach übersteigertem Ichbewusstsein, der Erfolg gibt aber den Saturn-Schützlingen meistens Recht. Sie sind die Praktiker, die Theorie ist für sie nur Mittel zum Zweck, eine Arbeit erfolgreich zu beenden.

Sie werden in allen Berufen, die eine gewisse Fingerfertigkeit voraussetzen, vorankommen. Viele von ihnen kennen sich bestens in den Finanzen aus, weshalb sie als hervorragende

Trotz seines Ehrgeizes braucht ein Steinbock-Mensch ab und zu die Einsamkeit, um mit sich ins Reine zu kommen.

Ehrgeizig im Berufsleben 27

Steuerberater gelten oder in kaufmännischen Berufen zu den Spitzenkönnern zählen.

Durchsetzungskräftige Politiker aus dem vom Saturn geförderten Zeichen werden manchmal sogar von ihren Gegnern gelobt; sie werden als richtig erkannte Ziele auch mal gegen den Widerstand ihrer Parteifreunde durchsetzen. Als Manager können sie wegen ihres finanziellen Gespürs und mit viel Einsatz und Engagement einen konkursverdächtigen Betrieb leicht aus den roten Zahlen bringen.

Die Statistik beweist übrigens, dass Steinbock-Menschen in der ersten Hälfte ihres Lebens meist Angestellte oder Arbeiter sind und erst allmählich zur Selbstständigkeit drängen. Ihre kleinen Erfolgserlebnisse ergeben aber zusammen genommen ein respektables Mosaikbild, an dem kein Vorgesetzter vorübergehen kann. So werden diese tüchtigen Leute Chefs, die ihr Pflichtgefühl und ihren Leistungswillen auf ihre Mitarbeiter übertragen. Sie bemühen sich um ein gutes Betriebsklima, sind aber wegen der hohen Ansprüche, die sie an ihre Mitarbeiter stellen, nicht allzu beliebt.

Doch zurück zu jenen, die es nicht so weit bringen: Jeder Steinbock-Mensch nimmt seinen Beruf sehr ernst. Er verrichtet seine Arbeit gern schweigend und achtet kaum auf den Betrieb um ihn herum. Anweisungen befolgt er oft mit innerem Widerwillen. Er will nur das tun, was er selbst für richtig hält.

Der Beruf nimmt vor allem die Steinbock-Männer so sehr in Anspruch, dass viele von ihnen darüber ihr Privatleben vergessen. Als Makler versuchen sie gute Ratschläge an vermögende Mitmenschen zu erteilen und deren Geld auch ein wenig für sich selbst arbeiten zu lassen. Sie sind als Schauspieler für Werktreue, ihre Darstellungskunst wird selbst von Regisseuren gelobt, denen sie gern widersprechen.

Alle diese Männer fühlen sich in ihren Berufen ebenso unentbehrlich wie Steinbock-Frauen im Vorzimmer eines gestrengen Chefs oder als weise Vorsteherin eines Heimes für alleinerziehende Mütter. Gerade die Steinbock-Frauen betrachten ihren Beruf als eine Art Statussymbol, das sie noch in einer Ehe mit einem gutsituierten Mann hochhalten.

Übrigens tauschen Steinbock-Menschen häufiger als andere im Tierkreis den erlernten Beruf gegen einen anderen ein, der ihnen mehr Sicherheit und eine bessere Altersversorgung verspricht. Andere harren dagegen wegen der sicheren Stellung eventuell ein Leben lang in einer ungeliebten Tätigkeit aus. Dieses Streben nach absoluter Sicherheit ist in unsicheren Zeiten Gold wert.

Das Geld ist ihre Welt

Bei Steinbock-Menschen müssen die Finanzen stimmen. Das Geld ist ihre Welt. Die meisten aus dem Zeichen des so kritischen Saturns legen beizeiten Erspartes zinsgünstig an und versuchen feste Werte wie Hausbesitz und Grundstücke zu erwerben. Weil sie stets befürchten, dass sich die Zeiten zum Schlechten wenden könnten, gönnen sich diese Sternentypen oft sehr wenig.

So kommen Steinbock-Menschen erst spät dazu, sich auszuleben und auszugeben, was sie in jungen Jahren erspart haben. Zu ihren Wünschen gehört vielleicht die einsame Hütte in den Alpen, von der aus sie weite Wanderungen in die Bergwelt starten können, ein Dauerabonnement fürs Theater oder gar eine Reise rund um unseren Globus. Erfüllen sie sich diesen Wunsch, verfallen sie möglicherweise in Zweifel, ob es auch

Das Geld ist ihre Welt

richtig war, einst sauer verdientes Geld für eigentlich unnütze Dinge auszugeben.
Der Steinbock-Mensch denkt in all seinem Tun realistisch. Er vertraut nur auf seine Arbeitskraft und was man damit erreichen kann. Glück ist für ihn trügerisch. Es belastet ihn bleischwer (Blei ist ja das Metall im Saturn-Zeichen).

Schwachstellen in der Gesundheit

Nach außen hin ist jeder Steinbock-Mensch hart gegen sich selbst. Er strahlt enorme Widerstandskraft aus. Sein Arbeitseifer scheint unerschütterlich zu sein, bis sich von Mal zu Mal einige Schwachstellen an seiner unerschütterlichen Konstitution zeigen. Zunächst sind es »nur« Erkältungskrankheiten, dann rheumatische Beschwerden, die den Steinbock am natürlichen Bewegungsablauf hindern.
Mit zunehmendem Alter macht – vor allem bei Frauen aus dem Saturn-Zeichen ist das zu beobachten – der Stoffwechsel Sorgen. Dann fehlen sie zwar für drei oder vier Tage im Betrieb, eilen danach aber schnell wieder an die Arbeitsstätte, weil sie der irrigen Ansicht sind, dass es ohne sie einfach nicht geht.
Solche Lebensanschauung lässt sie aber mit der Zeit mehr und mehr verkrampfen. Hinzu kommt, dass sie gegenüber Ärzten sehr skeptisch sind und in vielen Fällen gar nichts von diesen halten. Dies gehört zu der an und für sich pessimistischen Grundtendenz, die den meisten Steinbock-Menschen eigen ist

Einige Steinbock-Geborene haben 'was von einem Esel:
Sie tragen erst bereitwillig schwerste Lasten und plötzlich
werden sie störrisch.

und die zu Depressionen und anderen psychischen Störungen führen kann, was ihnen oft viel schlimmer zusetzt als organische Leiden.

Zu den Krankheiten, die Steinbock-Menschen befallen, gehören oftmals Steinbildungen; die Nieren sind gefährdet. Die Kniegelenke und der Knochenbau, die astrologisch dem Steinbock-Zeichen zugeordnet sind, sind auch Schwachstellen.

Körperliche Leiden, vor allem, wenn sie verschleppt werden, können bei diesem Saturn-Typ zu seelischen Verkrampfungen führen und sehr leicht chronisch werden.

Sie greifen auch zum Talisman

Die pessimistische Grundeinstellung des Steinbock-Menschen lässt ihn nie so recht an sein Glück glauben. Deshalb wohl greifen viele von ihnen zu einem Talisman oder zum Amulett, von dem sie sich wahre Wunderdinge erhoffen. Mit ihrer so oft zur Schau gestellten realistischen Lebensanschauung hat das eigentlich nichts zu tun.

Wir wissen von Steinbock-Männern, dass sie einen winzigen Bleisoldaten aus ihren Kindertagen stets im Portmonee bei sich tragen – nicht etwa, weil sie militaristisch denken, sondern weil sie wissen, dass Blei ihr Glücksmetall ist.

Andere aus diesem Zeichen – allen voran die Frauen – wissen um die Wunderwirkung ihrer persönlichen Glückssteine. Da ist vor allem der Onyx, eine schwarz und weiß gebänderte Abart des Achats, der im Altertum zu den Glückssteinen mit starker okkulter Kraft zählte. Die Araber nennen noch heute den schwarzen Onyx den Stein der Trauer und des Kummers, der bei Steinbock-Menschen Depressionen verscheuchen soll.

Der apfelgrüne Chrysopras soll alle Unternehmungen im Steinbock-Zeichen begünstigen, während ein Anhänger mit einem tiefroten Rubin nach altem Glauben dafür sorgen soll, dass sich die Sorgen der Saturn-Schützlinge verflüchtigen. Und der saphirfarbene blaue Spinell ist für sie ein Abwehrmittel gegen alles Böse. Auch er soll Depressionen verjagen.

Empfindlich wie die Mimosen

Steinbock-Menschen gelten als äußerst empfindliche Leute. Tatsächlich wird die Mimose, die auf die geringste Erschütterung oder Berührung mit dem Schließen ihrer gelben Blättchen reagiert, dem Steinbock-Zeichen seit dem Altertum zugeordnet. So auch der rote Mohn, der ebenfalls sehr empfindlich ist, denn schon der geringste Windhauch genügt, um seine roten Blütenblätter abfallen zu lassen.
Die Myrte, ein immergrüner, weißblühender Strauch oder auch Baum, war im Altertum der Aphrodite heilig. Im Mittelalter sollte sie einer Steinbock-Frau Glück bringen, wenn diese sich aus den Zweigen einen Brautkranz flechten ließ.
Unermüdliche Kletterer wie der Steinbock selbst sind der ebenfalls immergrüne Efeu und das Geißblatt, das auch Jelängerjelieber genannt wird. Unter den Nutzpflanzen finden wir die Quitte, ein Rosengewächs, das apfel- oder birnenförmige Früchte trägt, die aber roh kaum zu genießen sind.
Verwandt mit dem Saturn-Zeichen sind auch die Gerste, bei uns eine wichtige Brotfrucht, das scharfe Radieschen, der Hopfen und der Hanf. Tollkirsche (Belladonna), Bilsenkraut und Thymian ergänzen die Reihe der steinbocktypischen Pflanzen.

34 Empfindlich wie die Mimosen

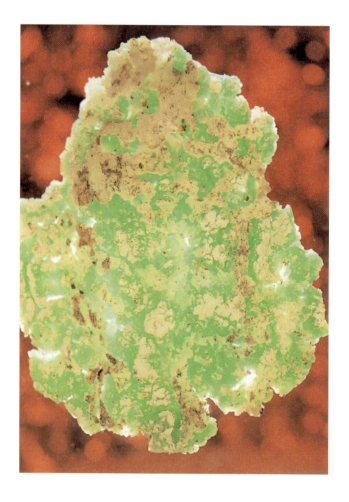

Übrigens: Die Tollkirsche wurde von den Frauen der Antike als pupillenerweiterndes Mittel genommen, weil das als besonders schön galt. Man nannte das Gewächs deshalb Belladonna (»schöne Frau«). Die giftige Tollkirsche dämpft außerdem die nervöse Erregbarkeit.
Schließlich sind ebenso hochaufstrebende Bäume im Steinbock-Zeichen angesiedelt: die bei uns recht selten gewordene Pappel, die Zeder, die bis zu dreitausend Jahre alt werden kann und die Mispel mit ihren aprikosenähnlichen Früchten.

Ziege und Esel gehören dazu

Neben seinem Wappentier, dem ewig in den Bergen kletternden Steinbock, werden dem Saturn-Zeichen die stets meckernde Ziege, der etwas störrische Esel und das geduldige und enthaltsame Kamel zugeordnet. Im übertragenen Sinn zeigen diese Tiere mögliche Charaktereigenschaften des Steinbock-Menschen auf. Das gilt ebenso für den bedingungslos anhänglichen, aber manchmal sehr eifersüchtigen Schäferhund.
Waldkauz und Uhu zählen gleichfalls zu den Tieren, die seit Urdenken dem Steinbock-Zeichen nahestehen. Sie wurden schon im Altertum als »Unglücksvogel« dem düsteren Planeten Saturn untergeschoben. Ihr unermüdliches nächtliches Treiben deutet eine weitere Charaktereigenschaft des Steinbock-Menschen an: Er kann, wie wir wissen, als ausdauernder Arbeiter die Nacht zum Tage machen.

Der Chrysopras, ein apfelgrüner Stein, gilt als sehr wirksamer Talisman für Steinbock-Geborene.

Bliebe noch die Schildkröte. Dieses Kriechtier mit urtümlichem Schädel ist ebenfalls sehr genügsam. Wenn es Feinde wittert, zieht es sich unter seinen harten Panzer zurück und wartet geduldig ab, bis sich der Gegner zurückgezogen hat. Auch der Steinbock-Mensch übt sich in Geduld und zieht sich gern in sich selbst zurück. Und wie bei der Schildkröte ist unter der harten Schale ein weicher Kern zu finden, der sich vor Verletzung schützen will.

Die Aszendenten des Steinbocks

Wundern Sie sich nicht, wenn nicht alles genau stimmt, was wir über den Steinbock-Geborenen herausgefunden haben. Jeder Mensch hat neben seinem eigenen Tierkreiszeichen noch ein zweites Zeichen, den Aszendenten, der in der Minute der Geburt gerade am östlichen Himmel aufgeht und einen anderen Steinbock-Typ zeichnen kann. Und das sieht so aus:

Aszendent *Widder* lässt den Steinbock seine Ziele noch hartnäckiger verfolgen. In der Liebe taut er die Gefühlskälte auf und macht ihn leidenschaftlicher. Dieser Mischtyp treibt seine beruflichen Pläne mit Macht voran und ist als verlässlicher Partner bekannt. Aber er will herrschen.

Aszendent *Stier* kann zwar die Gefühle des Steinbocks anheizen, steuert aber oftmals ein noch depressiveres Wesen bei, was auf schwache Nerven hinweist. Dieser Steinbock ist etwas träge, weiß jedoch genau, was er will.

Steinbock-Geborene lieben das Dunkel der Nacht – wie der ihnen astrologisch zugeordnete Uhu.

Die Aszendenten des Steinbocks 37

Aszendent *Zwillinge* pflanzt dem Steinbock zwei Seelen in die Brust, die auseinanderstreben und sich schlimmstenfalls ständig bekriegen. Dieser Mischtyp ist vom Intellekt her Spitze, denkt aber manches nicht zu Ende und ist auch unzuverlässig.
Aszendent *Krebs* verordnet dem Steinbock mehr Gefühl und bringt ihn in den Zwiespalt: Soll er weinen oder lachen?! Hier laufen die Depressionen mit den Launen um die Wette. Mit viel Herz sucht er einen zuverlässigen Liebespartner.
Aszendent *Löwe* lehrt den Steinbock, den Kopf stolz zu erheben und sich über andere erhaben zu fühlen. So lässt er den Saturn-Schützling ein wenig arrogant erscheinen. Im zwischenmenschlichen Bereich mischt sich die sachliche Kühle des Steinbocks mit der Heißblütigkeit des Löwen.
Aszendent *Jungfrau* sichert das unterm Steinbock Erreichte noch einmal ab. Die Sparsamkeit dieses Menschen mündet des Öfteren in Geiz. Er geht äußerst zurückhaltend, aber sehr zielbewusst lockende Ziele an und erreicht sie in aller Regel dann auch mit Bravour.
Aszendent *Waage* macht den sonst so ordnungsliebenden Steinbock ein wenig nachlässig, dafür aber umso liebenswürdiger. Er mildert manche allzu harte Charaktereigenschaft ab. Hier ist Leichtsinn beigemischt, der die schönsten Pläne zuschanden macht. Auch die Durchsetzungskraft dieses eher musischen Typs ist etwas herabgesetzt.
Aszendent *Skorpion* lässt den Steinbock im Privatleben oft vor Eifersucht überkochen. Dafür wird beruflich der Ehrgeiz noch mehr angestachelt. Dieser Typ verfolgt hartnäckig seine Ziele und erreicht viel. Zu Kompromissen im Beruf oder Privatleben ist er nie und nimmer bereit.
Aszendent *Schütze* bringt Unruhe in des Steinbocks Leben. Es werden viele Erfolge erzielt, nicht nur im Beruf, sondern auch

in der Partnerschaft. Diese Steinbock-Mischung ist sich selbst nicht ganz sicher, weshalb sie nur langsam vorankommt. Da sie sehr wählerisch ist, findet sie nicht immer den zu ihr passenden Partner.

Aszendent *Steinbock* betont die harte Gangart, mit der ein Steinbock im Beruf Erfolge einheimst. Der doppelte Steinbock ist die Selbstbeherrschung in Person und konzentriert sich nur auf das Wesentliche. Mit der ihm eigenen Zähigkeit wird er seine Karriere zimmern. In der Liebe ist er sehr schüchtern. Deshalb tappt er leicht in eine Liebesfalle.

Aszendent *Wassermann* fördert die soziale Ader des Steinbocks, deckt aber schonungslos dessen Schwächen auf. Ganz privat ist der Steinbock mit dem Aszendenten Wassermann der netteste von allen. Im Beruf ist er etwas haltlos und von daher kaum durchsetzungsfähiger als andere Steinböcke. Er müsste mehr Eigeninitiative entwickeln, um voranzukommen.

Aszendent *Fische* kann den Steinbock zu einem richtigen Schmusepartner machen. Der Steinbock mit dem Aszendenten Fische hat eigentlich nur Freunde. Seine Gefühle gründen tief. Obwohl er Pläne sehr bedächtig und zumeist allzu gründlich vorbereitet, gibt ihm am Ende der Erfolg doch wieder recht.

Ausgerechnet: der Aszendent

Um den Aszendenten eines Steinbock-Geborenen auszurechnen, müssen Sie neben seinem Geburtsdatum auch die ungefähre Minute seiner Geburt kennen.

In Tabelle 1 finden Sie die für den Geburtsort zutreffende Zeitkorrektur (zum Beispiel für Mainz minus 27 Minuten). Steht der Ort nicht in unserer Tabelle, nehmen Sie einfach die Zeitkorrektur der am nächsten gelegenen, in unserer Tabelle aufgeführten Stadt. Bei dem Vorzeichen Plus (+) zählen Sie die Minutenzahl zu der Geburtszeit hinzu, entsprechend ziehen Sie sie bei dem Vorzeichen Minus (–) ab.

Zählen Sie nun die in Tabelle 2 für den Geburtstermin angegebene Sternzeit hinzu. Sie beträgt zum Beispiel am 3. Januar 6 Uhr 45 Minuten.

In einigen Jahren galt in Deutschland und Österreich, aber nicht in der Schweiz im Winter noch die Sommerzeit. Die Steinbock-Jahrgänge 1940 und 1941 müssen bei der Berechnung ihres Aszendenten eine Stunde von dem vorherigen Ergebnis Geburtszeit (vermindert oder vermehrt durch die entsprechende Zeitkorrektur) plus Sternzeit abziehen.

Geht die so gefundene Zahl über 24 Uhr hinaus, vermindern Sie diese um 24 Stunden.

Das erhaltene Ergebnis schauen Sie jetzt noch in Tabelle 3 unter der für den Geburtsort oder der ihm am nächsten gelegenen Stadt in Tabelle 1 angegebenen Breitengradzahl nach. Und damit haben Sie den Aszendenten dieses Steinbock-Geborenen gefunden.

Ein kleines Beispiel mag diese vielleicht zunächst etwas schwierig erscheinende Berechnung erläutern:

Geburtszeit 3. Januar 1950 um 1 Uhr 30 Minuten in Mainz

1. Geburtszeit   1 h 30 min
2. Ortszeit: Korrektur für den Geburtsort
Mainz (Tabelle 1)   – 0 h 27 min
                                                                  1 h 03 min

Ausgerechnet: der Aszendent

3. Sternzeit des 3. Januar wird zur
   erhaltenen Ortszeit addiert (Tabelle 2)   + 6 h 45 min
                                                                               7 h 48 min
4. Sommerzeit galt für Steinböcke 1950 nicht,
   also ziehen wir auch keine Stunde ab   − 0 h 00 min
                                                                               7 h 48 min
5. Da die gefundene Zahl nicht über 24 Uhr
   hinausgeht, brauchen wir keine 24 Stunden
   abzuziehen   − 0 h 00 min

6. Das ergibt die eigentliche Sternzeit   7 h 48 min

Die Sternzeit des am 3. Januar 1950, 1 Uhr 30 Minuten in Mainz geborenen Steinbock-Typs ist mithin 7 Uhr 48 Minuten. Sein Aszendent laut Tabelle 3 beim Breitengrad für Mainz (50°) ist das Tierkreiszeichen *Waage*.

42 Ausgerechnet: der Aszendent

Tabelle 1: Berechnung der Ortszeit

Ort		Min.	Ort		Min.
Aachen (51°)	−	36 Min.	Klagenfurt (47°)	−	3 Min.
Augsburg (48°)	−	16 Min.	Koblenz (50°)	−	26 Min.
Baden–Baden (49°)	−	27 Min.	Köln (51°)	−	32 Min.
Bamberg (50°)	−	16 Min.	Königsberg (55°)	+	22 Min.
Basel (48°)	−	30 Min.	Konstanz (48°)	−	23 Min.
Berlin (53°)	−	6 Min.	Lausanne (46°)	−	33 Min.
Bern (47°)	−	29 Min.	Leipzig (51°)	−	10 Min.
Bielefeld (52°)	−	26 Min.	Lienz (47°)	−	9 Min.
Bonn (51°)	−	31 Min.	Lindau (47°)	−	21 Min.
Braunschweig (52°)	−	18 Min.	Linz/Donau (48°)	−	3 Min.
Bregenz (47°)	−	21 Min.	Lübeck (54°)	−	17 Min.
Bremen (53°)	−	25 Min.	Luxemburg (50°)	−	35 Min.
Breslau (51°)	+	8 Min.	Luzern (47°)	−	27 Min.
Chemnitz (51°)	−	8 Min.	Magdeburg (52°)	−	13 Min.
Danzig (54°)	+	15 Min.	Mainz (50°)	−	27 Min.
Donaueschingen (48°)	−	26 Min.	Mannheim (49°)	−	26 Min.
Dortmund (52°)	−	30 Min.	München (48°)	−	14 Min.
Dresden (51°)	−	5 Min.	Münster (52°)	−	30 Min.
Düsseldorf (51°)	−	33 Min.	Nürnberg (49°)	−	16 Min.
Duisburg (51°)	−	33 Min.	Oldenburg (53°)	−	27 Min.
Emmerich (52°)	−	35 Min.	Osnabrück (52°)	−	28 Min.
Essen (51°)	−	32 Min.	Passau (49°)	−	6 Min.
Flensburg (55°)	−	22 Min.	Regensburg (49°)	−	12 Min.
Frankfurt/Main (50°)	−	25 Min.	Rostock (54°)	−	12 Min.
Freiburg/Breisgau (48°)	−	29 Min.	Saarbrücken (49°)	−	32 Min.
Garmisch (47°)	−	16 Min.	Salzburg (48°)	−	8 Min.
Genf (46°)	−	35 Min.	St. Gallen (47°)	−	22 Min.
Göttingen (51°)	−	20 Min.	Straßburg (49°)	−	29 Min.
Graz (47°)	+	2 Min.	Stuttgart (49°)	−	23 Min.
Halle (52°)	−	12 Min.	Trier (50°)	−	33 Min.
Hamburg (54°)	−	20 Min.	Tübingen (49°)	−	24 Min.
Hannover (52°)	−	21 Min.	Ulm (48°)	−	20 Min.
Heidelberg (49°)	−	25 Min.	Villach (47°)	−	4 Min.
Hof (50°)	−	12 Min.	Weimar (51°)	−	15 Min.
Innsbruck (47°)	−	14 Min.	Westerland/Sylt (55°)	−	27 Min.
Jena (51°)	−	14 Min.	Wien (48°)	+	6 Min.
Kaiserslautern (49°)	−	29 Min.	Wiesbaden (50°)	−	27 Min.
Karlsruhe (49°)	−	26 Min.	Würzburg (50°)	−	20 Min.
Kassel (51°)	−	22 Min.	Wuppertal (51°)	−	31 Min.
Kiel (54°)	−	20 Min.	Zürich (47°)	−	26 Min.

Ausgerechnet: der Aszendent

Tabelle 2: Sternzeit

Tag	Jan. Zeit	Feb. Zeit	März Zeit	April Zeit	Mai Zeit	Juni Zeit	Juli Zeit	Aug. Zeit	Sept. Zeit	Okt. Zeit	Nov. Zeit	Dez. Zeit
1	6.37	8.40	10.34	12.36	14.35	16.37	18.35	20.37	22.39	0.38	2.40	4.38
2	6.41	8.44	10.38	12.30	14.38	16.41	18.39	20.41	22.43	0.42	2.44	4.42
3	6.45	8.48	10.42	12.44	14.42	16.45	18.43	20.45	22.47	0.46	2.48	4.46
4	6.49	8.52	10.46	12.48	14.46	16.49	18.47	20.49	22.51	0.50	2.52	4.49
5	6.53	8.55	10.50	12.52	14.50	16.52	18.51	20.53	22.55	0.54	2.56	4.53
6	6.57	8.59	10.54	12.56	14.54	16.56	18.55	20.57	22.59	0.57	3.00	4.57
7	7.01	9.03	10.58	13.00	14.58	17.00	18.59	21.01	23.03	1.01	3.04	5.01
8	7.05	9.07	11.02	13.04	15.02	17.04	19.03	21.05	23.07	1.05	3.08	5.05
9	7.09	9.11	11.06	13.08	15.06	17.08	19.07	21.09	23.11	1.09	3.11	5.09
10	7.13	9.15	11.10	13.12	15.10	17.12	19.10	21.13	23.15	1.13	3.15	5.13
11	7.17	9.19	11.13	13.16	15.14	17.16	19.14	21.17	23.19	1.17	3.19	5.17
12	7.21	9.23	11.17	13.20	15.18	17.20	19.18	21.21	23.23	1.21	3.23	5.21
13	7.25	9.27	11.21	13.24	15.22	17.24	19.22	21.25	23.27	1.25	3.27	5.25
14	7.29	9.31	11.25	13.27	15.26	17.28	19.26	21.29	23.31	1.29	3.31	5.28
15	7.33	9.35	11.29	13.31	15.30	17.32	19.30	21.32	23.35	1.33	3.35	5.32
16	7.37	9.39	11.33	13.35	15.34	17.36	19.34	21.36	23.39	1.37	3.39	5.36
17	7.41	9.43	11.37	13.39	15.38	17.40	19.38	21.40	23.43	1.41	3.43	5.40
18	7.45	9.47	11.41	13.43	15.42	17.44	19.42	21.44	23.46	1.45	3.47	5.44
19	7.48	9.51	11.45	13.47	15.45	17.48	19.46	21.48	23.50	1.49	3.51	5.48
20	7.52	9.55	11.49	13.51	15.49	17.52	19.50	21.52	23.54	1.53	3.55	5.52
21	7.56	9.59	11.53	13.55	15.53	17.56	19.54	21.56	23.58	1.57	3.59	5.55
22	8.00	10.02	11.57	13.59	15.57	18.00	19.58	22.00	0.02	2.01	4.03	5.59
23	8.04	10.06	12.01	14.03	16.01	18.03	20.02	22.04	0.06	2.04	4.07	6.03
24	8.08	10.10	12.05	14.07	16.05	18.07	20.06	22.08	0.10	2.08	4.11	6.07
25	8.12	10.14	12.09	14.11	16.09	18.11	20.10	22.12	0.14	2.12	4.15	6.11
26	8.16	10.18	12.13	14.15	16.13	18.15	20.14	22.16	0.18	2.16	4.19	6.15
27	8.20	10.22	12.17	14.19	16.17	18.19	20.18	22.20	0.22	2.20	4.22	6.19
28	8.24	10.26	12.20	14.23	16.21	18.23	20.21	22.24	0.26	2.24	4.26	6.22
29	8.28	10.30	12.24	14.27	16.25	18.27	20.25	22.28	0.30	2.28	4.30	6.26
30	8.32		12.28	14.31	16.29	18.31	20.29	22.32	0.34	2.32	4.34	6.30
31	8.36		12.43		16.33		20.33	22.36		2.36		6.34

Tabelle 3: Hier ist Ihr Aszendent

	46° Uhrzeit	47° Uhrzeit	48° Uhrzeit	49° Uhrzeit	50° Uhrzeit
Löwe	0.38 – 3.20	0.36 – 3.18	0.34 – 3.16	0.31 – 3.14	0.26 – 3.12
Jungfrau	3.21 – 6.00	3.19 – 6.00	3.17 – 6.00	3.15 – 6.00	3.13 – 6.00
Waage	6.01 – 8.39	6.01 – 8.41	6.01 – 8.43	6.01 – 8.45	6.01 – 8.47
Skorpion	8.40 – 11.20	8.42 – 11.23	8.44 – 11.27	8.46 – 11.31	8.48 – 11.35
Schütze	11.21 – 13.45	11.24 – 13.50	11.28 – 13.55	11.32 – 14.00	11.36 – 14.05
Steinbock	13.46 – 15.38	13.51 – 15.41	13.56 – 15.45	14.01 – 15.48	14.06 – 15.42
Wassermann	15.39 – 16.53	15.42 – 16.58	15.46 – 17.00	15.49 – 17.02	15.53 – 17.04
Fische	16.54 – 18.00	16.59 – 18.00	17.01 – 18.00	17.03 – 18.00	17.05 – 18.00
Widder	18.01 – 19.03	18.01 – 19.01	18.01 – 18.59	18.01 – 18.57	18.01 – 18.55
Stier	19.04 – 20.23	19.02 – 20.19	19.00 – 20.15	18.58 – 20.11	18.56 – 20.07
Zwillinge	20.24 – 22.15	20.20 – 22.10	20.16 – 22.05	20.12 – 22.00	20.08 – 21.55
Krebs	22.16 – 0.37	22.11 – 0.35	22.06 – 0.33	22.01 – 0.30	21.56 – 0.25

	51° Uhrzeit	52° Uhrzeit	53° Uhrzeit	54° Uhrzeit	55° Uhrzeit
Löwe	0.21 – 3.10	0.16 – 3.08	0.13 – 3.06	0.08 – 3.04	0.05 – 3.01
Jungfrau	3.11 – 6.00	3.09 – 6.00	3.07 – 6.00	3.05 – 6.00	3.02 – 6.00
Waage	6.01 – 8.49	6.01 – 8.52	6.01 – 8.54	6.01 – 8.56	6.01 – 8.58
Skorpion	8.50 – 11.39	8.53 – 11.43	8.55 – 11.47	8.57 – 11.52	8.59 – 11.57
Schütze	11.40 – 14.10	11.44 – 14.15	11.48 – 14.20	11.53 – 14.26	11.58 – 14.30
Steinbock	14.11 – 15.56	14.16 – 16.01	14.21 – 16.06	14.27 – 16.10	14.31 – 16.14
Wassermann	15.57 – 17.06	16.02 – 17.09	16.07 – 17.11	16.11 – 17.14	16.15 – 17.17
Fische	17.07 – 18.00	17.10 – 18.00	17.12 – 18.00	17.15 – 18.00	17.18 – 18.00
Widder	18.01 – 18.53	18.01 – 18.51	18.01 – 18.49	18.01 – 18.46	18.01 – 18.44
Stier	18.54 – 20.03	18.52 – 19.59	18.50 – 19.55	18.47 – 19.50	18.45 – 19.45
Zwillinge	20.04 – 21.51	20.00 – 21.45	19.56 – 21.39	19.51 – 21.33	19.46 – 21.39
Krebs	21.52 – 0.20	21.46 – 0.15	21.40 – 0.12	21.34 – 0.07	21.40 – 0.04

Zum gleichen Thema sind bei Bassermann bereits erschienen:
Das große Buch der Horoskope (ISBN 3-8094-0106-4)
Bassermann Handbuch Chinesische Astrologie (ISBN 3-8094-0280-X)

Der Text dieses Buches entspricht den Regeln der neuen deutschen Rechtschreibung.

Die Deutsche Bibliothek – CIP-Einheitsaufnahme

Haddenbach, Georg:
Sternstunden / Georg Haddenbach. – Niederhausen/Ts. : Bassermann
Steinbock : 22. Dezember bis 20. Januar. – 1997
  ISBN 3-8094-0370-9 Gb.

ISBN 3 8094 0370 9

© 1997 by Bassermann'sche Verlagsbuchhandlung, 65527 Niederhausen/Ts.
Die Verwertung der Texte und Bilder, auch auszugsweise, ist ohne Zustimmung des
Verlags urheberrechtswidrig und strafbar. Dies gilt auch für Vervielfältigungen, Übersetzungen, Mikroverfilmung und für die Verarbeitung mit elektronischen Systemen.
Umschlaggestaltung und Hintergrundfond: Rincón² Design & Production GmbH, Köln
Titelbild: Bavaria, Gauting
Fotos: R. Bender, Tholey-Theley: Seite 25; **K. Janssen**, Emden: Seite 30; **K. Köhler
Creativstudio**, Fischbach: Seite 34; **P. Noack**, Frankfurt/Main: Seite 16; **Nienhoff**, Bienenbüttel: Seiten 15, 21; **Reinhard-Tierfoto**, Heiligkreuzsteinach-Eiterbach: Seite 37;
E. Stark, Hemmingen: Seite 27; **USIS**, Bonn: Seite 9; **W. Waldmann**, Stuttgart: Seite 6;
M. Will, Karlsruhe: Seite 4/5
Zeichnung: Ingrid Schade, Hamburg
Vorsatz: Michael Wollert, Menden
Layout: Ohl-Design, Wiesbaden
Redaktion: Sylvia Winnewisser
Herstellung: Jürgen Domke
Die Ratschläge in diesem Buch sind von Autor und Verlag sorgfältig erwogen und
geprüft, dennoch kann eine Garantie nicht übernommen werden. Eine Haftung des
Autors bzw. des Verlags und seiner Beauftragten für Personen-, Sach- und Vermögensschäden ist ausgeschlossen.
Satz: FROMM MediaDesign GmbH, Selters/Ts.
Gesamtkonzeption: Bassermann'sche Verlagsbuchhandlung,
D-65527 Niederhausen/Ts.

817 2635 4453 6271